Cornelia Boese   Elsa Klever

Der Fuchs hat seine lieben Nöte
beim Halleluja auf der Flöte

Ein
Weihnachts-
ABC

Thienemann

Der Adler bringt aus fernen Ländern
Pakete mit Adventskalendern.

Der **B**iber in der **B**adewanne
nagt fröhlich an der Nordmanntanne.

Der Cockerspaniel ist am Googeln:
Gibt's auch in China Christbaumkugeln?

Der Dachs will Lichterketten tragen
an düsteren Dezembertagen.

Der Elefant trifft im Gedrängel
des Einkaufszentrums einen Engel.

Der Fuchs hat seine lieben Nöte
beim „Halleluja" auf der Flöte.

Der Gockel mit dem goldnen Schlips
bekommt vom Glühpunsch einen Schwips.

Die Hamsterkinderchen versuchen
den hausgemachten Honigkuchen.

Der Igel knuspert unterwegs
ins Kino einen Ingwerkeks.

Der Jagdhund jammert, jault und stöhnt,
wenn „Jingle Bells" im Radio tönt.

Das **K**rokodil klebt in der Schwärze
in seinen Kiefer eine **K**erze.

Das Lama schmückt bei schlechtem Wetter
sein Fell mit leuchtendem Lametta.

Das Murmeltier wird aufgeweckt
mit Mamas Marzipankonfekt.

Das Nilpferd schnauft und nimmt Reißaus:
Es fürchtet sich vorm Nikolaus.

Der Orang-Utan isst Spinat
zur Weihnachtszeit mit Orangeat.

Das **P**ony packt im Daunenjäckchen
für Papa und für Mama **P**äckchen.

Der Quastenflosser zieht ein Boot,
das überquillt an Quittenbrot.

Das **R**ehkitz rennt mit Riesenschritten
zum ersten Mal vorm **R**entierschlitten.

Das Schäfchen wünscht sich im Café
statt Sahne auf dem Stollen Schnee.

Der Tiger krönt sein Mountainbike
mit einem grünen Tannenzweig.

Die Unken tauchen froh und munter
die Feiertage über Unter.

Vier Vögel auf dem Fichtenwipfel
verspeisen ein Vanillekipferl.

Der Wolf heult alle Jahre wieder
in Winternächten Weihnachtslieder.

Sechs Boxer büxen aus aus Bayern,
um X-mas in New York zu feiern.

Der Yeti jodelt „Stille Nacht"
im Ozean auf einer Yacht.

Die Ziege muss mit zwanzig Zicken
zusammen Zipfelmützen stricken.

Nun wird es Zeit: Von überall
spazieren Tiere Richtung Stall.

Am Weihnachtsfest sind sie komplett
und feiern froh von A bis Z.

Cornelia Boese wurde 1970 in Würzburg geboren. Sie war als Opern-Souffleuse für internationale Bühnen tätig, bis sie ihren Traum wahr machte und Schriftstellerin wurde. Ihr Märchenbuch »Ich Glückspilz« wurde 2010 mit dem »Sprachbewahrerpreis« des Vereins für Deutsche Sprache ausgezeichnet. Cornelia singt am liebsten schwedische Weihnachtslieder, bäckt Blaubeerplätzchen für den Elch und tanzt mit Wichteln um den Weihnachtsbaum.

Elsa Klever wurde 1985 in Berlin geboren und studierte an der HAW in Hamburg und an der HSLU in Luzern Illustration. Seitdem arbeitet sie für zahlreiche Magazine und Verlage und gewann 2015 den Österreichischen Kinderbuchpreis. Elsas Lieblingstiere sind Katzen und ihre Lieblingsweih-nachtsplätzchen Haferflockenkekse. Sie lebt und arbeitet in Hamburg.

Mehr über unsere Bücher, Autor*innen und Illustrator*innen auf:
www.thienemann.de

Boese, Cornelia und Klever, Elsa:
Der Fuchs hat seine lieben Nöte beim Halleluja auf der Flöte
ISBN 978 3522 46075 0

Gesamtgestaltung und Einbandtypografie: Elsa Klever
Innentypografie: Tanja Haaf
Reproduktion: HKS-Artmedia, Ostfildern
Druck und Bindung: Livonia Print, Riga

© 2024 Thienemann
in der Thienemann-Esslinger Verlag GmbH,
Blumenstraße 36, 70182 Stuttgart
© der Originalausgabe 2018 Thienemann
in der Thienemann-Esslinger Verlag GmbH,
Blumenstraße 36, 70182 Stuttgart
Bei Fragen zum Produkt:
service@thienemann.de
Printed in Latvia. Alle Rechte vorbehalten.
Wir behalten uns die Nutzung unserer
Inhalte für Text und Data Mining im
Sinne von § 44b UrhG ausdrücklich vor.
2. Auflage 2025